BOEKANALYSE

AF137378

De kaart en het gebied

MICHEL HOUELLEBECQ

BOEKANALYSE

Geschreven door Anna Lamotte
Vertaald door Nikki Claes

De kaart
en het gebied

• •

MICHEL HOUELLEBECQ

MICHEL HOUELLEBECQ

FRANS ROMANSCHRIJVER, DICHTER, ESSAYIST EN PRODUCENT

- **Geboren in Reunion in 1956**

- **Opmerkelijke werken:**

  - *Le Sens du Combat* (1996), dichtbundel

  - *Platform* (2001), roman

  - *De kaart en het gebied* (2010), roman

Michel Houellebecq (zijn echte naam is Michel Thomas) werd in 1958 geboren op het eiland Réunion. Na een studie land-bouwkunde ging hij naar de filmschool, die hij na het beha-len van zijn diploma verliet. Zijn literaire carrière begon pas echt in 1991, toen hij een studie over H.P. Lovecraft (Amerikaanse schrijver, 1890-1937) publiceerde en zich aan poëzie waagde. Het was echter zijn eerste roman, *Whatever* (1994), die hem bekend maakte bij een breder publiek. In dit duistere werk geeft Houellebecq een bittere beschrijving van de kapitalistische maatschappij in het Westen, een thema dat zijn hele werk doordringt. Zijn volgende romans, zoals *Atomized* (1998) en *Platform* (2001) vestigden hem steviger op de internationale literaire scène. Zijn roman *The Map and the* Territory werd in 2010 bekroond met de Prix Goncourt.

DE KAART EN HET GEBIED

DE SYMPTOMEN VAN EEN SAMENLEVING DIE WEGGEVRETEN WORDT DOOR ONBEHAGEN...

- **Genre:** roman

- **Referentie-uitgave:** Houellebecq, M. (2010) *La Carte et le Territoire*. Parijs : Flammarion.

- **Eerste uitgave:** 2010

- **Thema's:** kunst, consumptiemaatschappij, desillusie, dood, ongelukkigheid

The Map and the Territory (2010) vertelt het verhaal van Jed Martin, een schilder en fotograaf, en zijn geleidelijke opgang op de kunstmarkt. Als zoon van een depressieve vader die euthanasie wenst en met wie hij een gespannen relatie heeft, ontmoet Jed Martin door zijn beruchtheid tal van beroemde mensen, waaronder de schrijver Michel Houellebecq. De auteur vertegenwoordigt dus zichzelf in zijn roman. De favoriete onderwerpen van de auteur komen aan bod: de consumptiemaatschappij waarin geld koning is, de seksuele ellende van de westerse mens en de desillusie en broosheid van sociale relaties.

SAMENVATTING

EEN REEKS BEROEPEN

Geboren in een welgestelde familie, begon kunstenaar Jed Martin met schilderen toen hij nog maar een kind was. Zijn vader, Jean-Pierre Martin, was architect. Zijn moeder pleegde zelfmoord toen Jed nog maar zeven jaar oud was. Na "studieuze en trieste jaren van adolescentie" (p. 49) in een jezuïeteninternaat, schrijft hij zich in aan de academie voor schone kunsten, waar hij zich toelegt op de fotografie van objecten. Dan, terwijl zijn carrière een gunstige wending neemt, stopt hij met fotograferen en belandt in een periode van depressie. Vanaf dat moment is zijn enige activiteit het kijken naar het tv-programma "Vraag voor een kampioen", waarin mensen worden uitgedaagd op hun algemene kennis. Later, na de dood van zijn grootmoeder, komt hij langs een winkel die wegenkaarten van het merk Michelin verkoopt, wat een openbaring teweegbrengt: hij begint ze te fotograferen en uiteindelijk stelt hij zijn foto's tentoon. Zo ontmoet hij Olga Sjeremojova, van de communicatieafdeling van Michelin, met wie hij een romantische relatie deelt. Zij stimuleert zijn carrière. Snel, met financiële steun van Michelin en de hulp van een efficiënte persagente, Marilyn Prigent, slaagt Jed erin zijn naam bekend te maken in de wereld van de kunstmarkt. Op zijn website worden zijn foto's verkocht voor 2000 euro per stuk. Uiteindelijk, na zijn scheiding van Olga, die een promotie kreeg en Frankrijk verliet voor Rusland, onderbreekt Jed zijn werk met Michelin en komt hij in een nieuwe crisisperiode terecht. Dan keert hij terug naar de schilder-kunst en begint een project dat verschillende schilderijen omvat, door kunsthistorici *The Series of Professions genoemd.* Het is een groep schilderijen die verschillende beroepen uit-beelden, eindigend met het schilderij *Jeff Koons and Damien Hirst Sharing the Art Market.* De schilder besteedt er veel tijd aan, maar slaagt er nooit in het af te maken. Uiteindelijk besluit hij dat het een "shitty painting" (p. 30) is en vernietigt hij het op wrede wijze.

Uitgenodigd om zijn werk tentoon te stellen door Franz Teller, de eigenaar van een kunstgalerie, besluit Jed Martin in con-tact te komen met de schrijver Michel Houellebecq om hem te vragen zijn catalogus te schrijven voor het tellen van toe-komstige tentoonstellingen. Na contact met de schrijver Frédéric Beigbeder besluit Jed zelf naar Houellebecq's resi-dentie in Ierland te gaan. Deze laatste, die een cynische en verbitterde misantroop blijkt te zijn, leidt er een eenzaam leven. In ruil voor het schrijven van zijn catalogus biedt Jed hem ofwel 10.000 euro ofwel een portret van hem aan. Zonder enthousiasme kiest Houellebecq voor de tweede optie. Het schilderij gaat *Michel Houellebecq, de schrijver heten* en wordt geschat op 700.000 euro. De tentoonstelling van *De reeks beroepen* wordt eindelijk geopend en is een groot succes. Vanaf dat moment geven de rijkste mannen op aarde hun portretten in opdracht aan Jed en betalen er mil-joenen euro's voor.

MICHEL HOUELLEBECQ'S MOORD

Op een dag, op een trendy feestje bij Jean-Pierre Pernaud (een televisiepresentator), ziet Jed Olga weer, die hij al tien jaar niet meer heeft gezien. Maar deze ontmoeting maakt hun leeftijd alleen maar duidelijker en na een kuise nacht besluit Jed Olga te verlaten. Hij gaat vervolgens naar Michel Houellebecq en geeft hem zijn schilderij.

Enige tijd later wordt de auteur dood aangetroffen in zijn huis, onthoofd en het lichaam versnipperd tot een vreemd motief. De politie-inspecteur Jasselin is belast met het onderzoek. Uit het onderzoek van het lichaam blijkt al snel dat de moordenaar een lasersnijder heeft gebruikt, nadat hij de schrijver met een revolver had neergeschoten. Een onderzoek van Houellebecqs computer laat zien dat hij blijkbaar geen privéleven had. Jasselin en zijn collega's zitten dus zonder verdachte. De politie stuit echter op Jed Martin die ook problemen heeft met zijn vader, die oud wordt. Jean-Pierre Martin blijft herhalen dat hij genoeg heeft van het leven en dat hij geëuthanaseerd wil worden.

Op een dag arriveert Jasselin bij Jed Martin en toont hem foto's van het versnipperde lijk, dat de kunstenaar aanvankelijk aanziet voor een schilderij van Pollock (Amerikaanse schilder, 1912-1956). Vervolgens wordt hij naar de plaats van de misdaad gebracht, waar hij vaststelt dat het schilderij dat hij aan Houellebecq gaf, verdwenen is. De politie concludeert daarom dat het om een gewone diefstal van een kunstwerk gaat, en sluit de zaak. Drie jaar later echter, tijdens een duister onderzoek naar insectenhandel, wordt Houellebecqs portret ontdekt in het huis van een chirurg. Het schilderij, nu geschat op 12 miljoen euro, wordt aan Jed gegeven.

Daarna, als Kerstmis dichterbij komt, verneemt Jed dat zijn vader naar een ziekenhuis in Zürich is gegaan om een einde aan zijn leven te maken.

Jed is volledig werkeloos en besluit zich voor enige tijd terug te trekken in het voormalige huis van zijn grootouders, waar hij zijn kindertekeningen tegenkomt. Vervolgens besluit hij de rest van zijn leven door te brengen in een klein, geïsoleerd stadje waar hij de laatste dertig jaar van zijn leven ten prooi valt aan een sinistere melancholie en de foto's filmt van de mensen die hij kende (Olga, zijn vader, enz.) die langzaam in de open lucht vergaan.

KARAKTERSTUDIE

JED MARTIN

Jed Martin is de hoofdpersoon. Zijn leven is melancholiek van aard en wordt gekenmerkt door periodes van depressie (bijvoorbeeld na zijn studie fotografie). Zodra hij een beroemd kunstenaar wordt dankzij zijn ontmoeting met Olga Sheremoyova, die hem bij Michelin heeft geïntroduceerd, is hij een soort "marktobject": zijn kunstwerken zijn gewild en hun prijzen fluctueren volgens de wetten van vraag en aanbod. Met de hulp van het machtige Michelin-bedrijf en een efficiënte persagente, Marilyn Prigent, krijgt Jed Martin internationale bekendheid. Dit succes is echter niet voldoende om hem gelukkig te maken en hem van zijn melancholie te bevrijden. Zijn leven wordt bepaald door een grote eenzaamheid, iets waaraan alle hoofdpersonen van Houellebecq lijken te lijden, en wat het lot is van de moderne mens, omdat hij veroordeeld is om slechts een radertje te zijn in de machinerie van een blinde kapitalistische maatschappij. Dit is ook het geval met Jed Martin, die ondanks zijn professionele succes nog steeds geconfronteerd wordt met de basisproblemen, namelijk de liefde (en vervolgens het verlies) van een vrouw (Olga) en de conflictueuze relaties met de vaderfiguur (Jean-Pierre Martin).

JEAN-PIERRE MARTIN

Hij is Jed Martin's vader. Hij is een ouder wordend en uiterst deprimerend personage. Na een briljante carrière als architect is hij nu ouder geworden en leeft hij in extreme eenzaamheid op het moment dat Jed Martin het hoogtepunt van zijn carrière heeft bereikt. Hij spreekt voortdurend over zijn levensmoeheid en heeft maar één wens: euthanasie, wat hij aan het eind van de roman ook doet. Tussen vader en zoon bestaat een soort breuk. De twee personages kunnen inderdaad niet met elkaar communiceren, temeer daar de geest van Jed's moeder, die zelfmoord pleegde, tussen hen in staat, waardoor hun relatie een morbide nuance krijgt. Dit soort personages komt vaak voor in de romans van Houellebecq. Hij symboliseert de impotente oude man ("met een kunstmatige anus" p. 342) die verbitterd is tot op het bot.

OLGA SHEREMOYOVA

De geliefde van Jed Martin, Olga is in dienst van het Michelin-rijk als communicatie-agente. Met haar bimbo-achtige postuur is ze bijna een cliché, zoals blijkt uit de beschrijving van haar eerste optreden in de roman: "Met haar bleke, bijna doorschijnende huid, haar platinablonde haar en haar bolle jukbeenderen beantwoordde ze perfect aan het idee van Slavische schoonheid" (p. 64). Verliefd op Jed Martin moet ze hem verlaten vanwege een promotie die haar naar Rusland leidt, want Jed durft niets te doen om haar tegen te houden. Als de twee geliefden elkaar tien jaar later weer ontmoeten, beseffen ze dat hun leven als koppel een andere weg had kunnen inslaan (huwelijk, kinderen, enz.), maar dat het te laat is. Ze voelen enorme spijt. Van een gelukkige liefde is in Houellebecqs roman nooit sprake, en uiteindelijk is Olga een mislukking in Jeds leven, omdat hij te laf was om zich te binden. Deze spijt zal hem tot zijn laatste dag achtervolgen.

MARILYN PRIGENT

Als persagente draagt Marilyn in hoge mate bij aan Jed Martins snelle opkomst op de kunstmarkt en aan zijn succes. Fysiek is ze het tegenovergestelde van Olga: ze wordt beschreven als "een klein, tenger ding, mager en bijna een bultrug" (p. 78). Maar enkele jaren later, wanneer Jed de tentoonstelling van zijn schilderijen *The Series of Professions* voorbereidt, is ze radicaal veranderd en bekent ze zonder schaamte dat ze een ongebreideld seksleven heeft.

MICHEL HOUELLEBECQ

Het personage van Michel Houellebecq is het toppunt van misantropie. Hij woont alleen in Ierland met een hond die ironisch genoeg Plato heet als zijn enige metgezel en veracht de wereld en de hele mensheid ten zeerste. Na zijn moord ontdekt de politie, die zijn persoonlijke leven onderzoekt, dat het praktisch leeg was (geen vrienden, geen affaires, enz.). Zijn onthoofde en versnipperde lijk verspreid over de woonkamer doen denken aan een abstract schilderij van Pollock, en herinneren aan de begrippen "performance" en "body art" (p. 351). Deze concepten zijn typische artistieke fenomenen, waarbij het lichaam van de kunstenaar een kunstwerk wordt (bijvoorbeeld: symbolen die met een mes op iemands buik worden getekend, een lichaam bedekt met honing en vliegen, een kunstenaar gevangen in een zeepbel op straat, enz.) In zekere zin drijft Houellebecq de spot met deze extreme praktijken in het domein van de hedendaagse kunst door zijn eigen dood te ensceneren, ironisch genoeg gelijkgesteld aan een artistieke performance.

ANALYSE

DE HEDENDAAGSE KUNSTMARKT

The Map and the Territory is door critici geprezen om zijn woeste beschrijving van de hedendaagse kunstmarkt. De artistieke wereld die in de roman wordt beschreven werkt inderdaad alleen in termen van de markt, en het kunstwerk wordt beschouwd als een sociaal en economisch product.

De carrière van Jed neemt dus een positieve wending wanneer hij Michelin-wegenkaarten begint te fotograferen, wat ironisch is aangezien het onderwerp geen artistieke waarde heeft. Deze foto's bezorgen hem echter het beschermheerschap van een machtige industrie, waardoor hij echt kennis maakt met de wereld van de kunst. In dit geval krijgt de lezer een glimp te zien van Pierre Bourdieu's (Franse socioloog, 1930-2002) definitie van de waarde van een kunstwerk. Kort en eenvoudig gezegd krijgt een kunstwerk waarde wanneer een groep individuen (met meer of minder invloed in het culturele veld) besluit dat dat werk waarde heeft.

Daarom bestaat de volgende paradox: een kunstwerk heeft waarde als mensen dat beweren, wat een vorm van tautologie is en absurd kan lijken. Toch is dit hoe de wereld van de kunst functioneert. Het succes van Jed wordt in werkelijkheid georkestreerd door de Michelin-business (die dit doet uit economisch belang) en door een briljante persagent die hem zichtbaar maakt voor kranten. De rol van deze kranten en kritieken is het "produceren van een soort theoretisch discours" (p. 159) om Jed's werk te legitimeren door het in een context, een artistieke stroming te plaatsen. Met andere woorden, in het kader van de kunstgeschiedenis. In *The Map and the Territory* hangt Jed's artistieke carrière enkel af van economische strategieën en journalistieke tactieken.

DE SYMPTOMEN VAN EEN STERVENDE SAMENLEVING

Houellebecq schept er, vanaf zijn eerste romans, genoegen in om een stervende samenleving te beschrijven, weggevreten door onbehagen en depressie. Dit zou het gevolg zijn van verschillende factoren:

- Onze hedendaagse maatschappij is een kapitalistische maatschappij die door geld wordt geregeerd (zie ook zijn beschrijving van de kunstmarkt) en waar de lokroep van de winst alle relaties om zeep helpt (Olga verlaat Jed na een promotie die haar naar Rusland leidt; Houellebecq wordt vermoord om zijn portret te stelen, dat 700.000 euro waard is, enz.)

- Onze westerse samenleving is seculier, wat betekent dat zij God (en elke andere godheid) uit haar denksysteem heeft geweerd, wat een bron van wanhoop is. Houellebecq lijkt echter zeer minachtend te staan tegenover het religieuze instituut.

- Een cruciaal punt in het werk van Houellebecq is dat de stervende of ongezonde seksualiteit van de personages het symbool bij uitstek is van een samenleving in nood. Als Jed en Olga elkaar tien jaar later weer ontmoeten, kunnen ze de liefde niet meer bedrijven. Houellebecq bezoekt bordelen in Thailand, de inspecteur Jasselin is seksueel impotent, enz.

- Seksualiteit, die tot de meest intieme sfeer van het individu behoort, wordt ofwel drooggebloed ofwel afwijkend en veroorzaakt bovendien verdriet en melancholie bij de personages. Zo heeft Jed tegen het einde van zijn leven flashbacks over zijn vroegere seksleven ("Hij herinnerde zich andere herinneringen aan soepele borsten, lenige tongen, strakke vagina's" p. 427), die een gruwelijke melancholie in hem opwekken. Seks wordt een symbool, op het niveau van het individuele subject, van een maatschappij die in alle opzichten faalt.

IRONIE, HOUELLEBECQ'S HANDELSMERK...

De stijl van Houellebecq wordt gekenmerkt door een krachtige ironie, die soms grenst aan donkere humor. Hier zijn enkele van zijn kenmerken, zoals gevonden in *The Map and the Territory*:

- Houellebecq gebruikt vaak, zo niet overdreven vaak, stereotiepe citaten, cursief weergegeven: "In de afgelopen tien jaar heeft hij [Jed] *een werk geproduceerd*, zoals men zegt" (p. 241); "Ze waren gelukkig samen, en zouden dat waarschijnlijk ook in de toekomst zijn, *tot de dood hen scheidt*" (p. 299); "Men zou kunnen zeggen dat ze nog *een paar goede jaren* voor zich hadden" (p. 330). Het gebruik van cursiefjes voor bepaalde uitdrukkingen kan onopvallend lijken; in werkelijkheid schept deze techniek een ironische afstand tussen de gebruikte formules en het standpunt van de auteur, die er tegelijkertijd de spot mee lijkt te drijven.

- Talrijke fragmenten in *The Map and the Territory* lijken op lange encyclopedische beschrijvingen, waarbij sommige beschrijvingen rechtstreeks aan Wikipedia zijn ontleend; deze techniek brengt Houellebecq in de buurt van Lautréamont (Franse schrijver, 1846-1870), die dezelfde techniek gebruikte in *The Songs of Maldoror* (1869). Houellebecq schrijft bijvoorbeeld: "De Mercedes-Benz C-Klasse, de Mercedes-Benz E-Klasse zijn paradigmatischer. Mercedes is bovenal de auto die de voorkeur geniet van hen die niet al te veel om auto's geven, die veiligheid en comfort verkiezen boven *rijplezier*" (p. 355); "Oligospermie kan door verschillende factoren worden veroorzaakt: testiculaire varicocele, testiculaire atrofie, hormonaal tekort, chronische infecties van de prostaatklier, griep, en andere oorzaken." (p. 297). Deze techniek is in zoverre ironisch dat zij het eigenlijke werk van de schrijver in diskrediet brengt (en tegelijkertijd bespot), die geacht wordt zijn verhaal volledig te verzinnen en geen stukjes te lenen uit encyclopedische documenten.

- Houellebecq introduceert in *The Map and the Territory* enkele Franse hedendaagse persoonlijkheden als personages, vaak beschreven of geschetst met veel humor en afstand. We komen bijvoorbeeld Julien Lepers, Jean-Pierre Pernaud, Frédéric Beigbeder, Michel Houellebecq zelf en Claire Chazal tegen. Houellebecq beschrijft zichzelf graag als een alcoholist en een diep depressieve lomperik, wat in werkelijkheid niet helemaal waar is, want deze eigenschappen hebben meer te maken met zijn literaire werk en het beeld dat hij van zichzelf probeert te geven, namelijk om marketingredenen.

DE CONTEXT VAN DE RECEPTIE
VAN HET WERK

In 2010 ontving Houellebecq de Prix Goncourt voor *De kaart en het gebied*, in een literaire context die emblematisch is voor de huidige situatie van de literatuur. Terwijl er elk jaar een enorme hoeveelheid boeken wordt gepubliceerd, biedt een literaire prijs de mogelijkheid om een werk van de anderen te onderscheiden en de verkoop van de uitgever te stimuleren. Een boek dat een prestigieuze prijs heeft gekregen kan verantwoordelijk zijn voor meer dan een derde van de totale inkomsten van een uitgeverij, vandaar de waanzinnige concurrentie tussen de verschillende uitgevers. Net als de wereld van de kunst is de wereld van de literatuur een markt.

Daarom beschuldigden veel critici Houellebecq ervan *De kaart en het gebied te* hebben geschreven met de uitdrukkelijke bedoeling de Prix Goncourt te verkrijgen, met de steun van zijn uitgeverij Flammarion. Het volgende lijkt deze beschuldiging te ondersteunen:

- De praktijk van name dropping, namelijk de verschijning van verschillende Franse beroemdheden in de roman;

- De aanwezigheid van een moord en het daaropvolgende onderzoek, net nu detective romans in de mode zijn;

- En vooral het feit dat Houellebecq het geweld van zijn betoog verzacht in vergelijking met zijn vorige romans, om het in de ogen van een jury aanvaardbaar te maken (er zijn bijvoorbeeld geen sombere seksscènes, zoals in *De mogelijkheid van een eiland*).

Bovendien wordt Houellebecq uitgegeven door Flammarion, dat de Prix Goncourt al vier jaar niet meer had ontvangen en de jury kan er gemakkelijk van worden beschuldigd één uitgeverij te bevoordelen, als zij geneigd is haar schrijvers boven de andere te huldigen. Bovendien was Houellebecq al drie keer genomineerd voor de Goncourt, zonder ooit de prijs te krijgen. Vele factoren, die niets met literatuur als zodanig te maken hebben, hebben er waarschijnlijk toe bijgedragen dat hij de prijs heeft gekregen, wat op zijn beurt het succes van het boek heeft bevorderd.

VERDERE REFLECTIE

ENKELE VRAGEN OM OVER NA TE DENKEN...

- Beschrijf de professionele carrière van Jed Martin in enkele etappes. Waaraan heeft hij zijn succes te danken (zijn contacten, zijn talenten, geluk, enz.)?

- In hoeverre doet het leven van Jed Martin, zoals beschreven in *The Map and the Territory*, denken aan sommige elementen uit het leven van Houellebecq?

- Wat is "body art"? Wat is uw mening over deze vorm van kunst? Denk je dat het echt als kunst beschouwd kan worden? Bespreek.

- Hoe kan men zeggen dat de wereld van de kunst een markt is?

- Ontwikkel het onderwerp seksuele armoede in de roman. Wat is het verband met de westerse kapitalistische samenleving die Houellebecq beschrijft?

- Hoe kunt u Houellebecqs stijltechniek van de collage omschrijven? Welke auteur uit de 19th eeuw gebruikte deze techniek al?

- Hoe is Houellebecq's stijl gebaseerd op ironie en donkere humor?

- Waarom is Houellebecq volgens u een van de beroemdste Franse hedendaagse schrijvers van deze tijd?

- Wat vindt u van het feit dat Houellebecq zichzelf in zijn roman plaatst, en van het beeld dat hij van zichzelf geeft. Wat is volgens jou zijn doel hiermee?

VERDER LEZEN

REFERENTIE-UITGAVE

Houellebecq, M. (2010) *La Carte et le Territoire*. Parijs: Flammarion.

*We horen graag van jou! Laat
een reactie achter op jouw online bibliotheek
en deel je favoriete boeken op social media!*

De uitgever garandeert de betrouwbaarheid van de gepubliceerde informatie, die echter niet onder zijn verantwoordelijkheid valt.

www.50minutes.com

Master ISBN: 9782808688888
Papier ISBN: 9782808610285
Wettelijk depot: D/2023/12603/1308

Omslag: © Primento

Digitaal ontwerp: Primento, de digitale partner van uitgevers.